PiT VOGT

CLOSE
to the
NIGHT
TEXTE

Verbrenne die Nacht

Idee, Design & Layout: PIT

Alle Texte sind frei erfunden

Impressum

Herstellung und Verlag:
BoD - Books on Demand, Norderstedt
ISBN 978-3-7528-3118-4

© 2018

5

Nachts – *Irgendwo*

Irgendwo in dieser Stadt
Dort, wo keiner Namen hat
Fand ich dich am Rand der Zeit
Warst zu schnellem Sex bereit
Dort, am Ende aller Zeit
Irgendwo nachts in der Stadt

Warfst dir harte Drogen ein
Bloß nichts fühln
Das muss so sein
Träume, Liebe gibt's hier nicht
Niemand schaut dir ins Gesicht
Traum und Hoffnung gibt's hier nicht
Selbst das Bier ist selten rein

Tränen netzten deinen Blick
Wolltest Freiheit, nur ein Stück
Irgendwo in dieser Stadt
Wo kein Mensch mehr Namen hat,
bliebst du hungrig,
warst nicht satt
Sehnsucht netzte deinen Blick

Als ich ging, bliebst du zurück
Bliebst im Schatten, ohne Glück
Irgendwo im Hinterhaus
stirbt so manche graue Maus
Dort hält's keiner lange aus
Kann man leben ohne Glück

Und schon bald fuhr ich nach Haus
Hier sieht alles anders aus
Trank den Sekt, so gegen 4
War doch noch so nah bei dir
Schloss die dicke Eingangstür
Weit entfernt vom Hinterhaus

Im Park

Der Tag beginnt
Und Nebel zieht im Parke
So einsam noch liegt manche Bank am See
Ein Neubeginn
Ich weiß, dass ich es wage
Bevor die Welt versinkt im winterlichen Schnee

Ein Vogel singt
Dort drüben in der Linde
Ich glaub, er kennt die stürmisch, bunte Zeit
Da wünscht' ich mir
Dass ich was Neues finde
Und irgendwie fühl ich mich jetzt bereit

Gedanke

Manchmal denkt man,
Man hat keine Zeit
Es ist der letzte Tag,
Die allerletzte Stunde
Dann schaut man sich um und spürt,
Es ist soweit
Noch ein letztes Wort
Vielleicht
Aus meinem Munde

Dann sieht alles anders aus,
Was man so sieht
Und man ist traurig
Muss man jetzt gehn
Und man zählt die Sekunden,
Bevor es geschieht
Beginnt man erst jetzt
Sich selbst richtig zu verstehen

Und plötzlich weiß man es
Ja, man fühlt es genau
Dies alles ist einmal nur
Und es wird für immer vergehn
Dann nimmt man ihn auf,
Den wirklichen Augenblick
Denn *das* ist wirklich Leben

Nachts

Nachts in einer dunklen Straße
Nässe dringt in meinen Schuh
Was ich liebe
Was ich hasse
Liegt in dieser düstern Straße
Hier ist Leben
Keine Ruh

Rotes Blinken allerorten
Manche Frau halbnackt
Sehr dicht
Offen stehen bunte Pforten
Schöne Frauen allerorten
Ziemlich nah
Ihr Angesicht

Barmusik in tiefen Kellern
Tanz im Käfig
Einfach so
Seh mein Whiskyglas zerschmettern
Blicke suchen in den Kellern
Küsse machen heiß und
Froh

Hier lebt alles vom Vergessen
Jetzt noch da
Und morgen aus
Irgendetwas scheint vermessen
Irgendwann hab´ ich´s
Vergessen
Jene Nacht im
Hinterhaus

In der Nacht

Du kamst zu mir mit einer Frage
S´ war Mitternacht
So gegen 1
Das End von einem Regentage
Am Meeresstrand
Hier am Gestade
Und ich nahm deine Hand ganz sacht

Dein Mann ging fort
Er ließ dich sitzen
Wir schauten auf das Meer hinaus
Es war nicht heiß
Man konnt nicht schwitzen
Wir konnten uns nur kurz erhitzen
Und irgendeine Melodie sang leis

Du schliefst schnell ein in meinen Armen
Der Mond schien durch den Regen schwach
Und als manch´ Mückenschwärme kamen
Sog ich den Regen auf
Den warmen
An jenem Strand
Wo wir lang wach

Du kamst zu mir und wolltest reden
Doch schwiegen wir
Wir warn nur da
Wo Träume sich im Wind verweben
An diesem Strand der tausend Leben
Bliebs ewig Nacht
Ward Vieles klar

Worte

Du schwärmst von Orten, anderswo
Du sprichst von Disziplin, und so
Du träumst dein Leben dir zurecht
Doch irgendwie ist gar nichts echt
Du fühlst dich schlecht und gar nicht froh

Du redest dir die Tage schön
Du willst nicht hier sein, du willst gehn
Schon lange bist du nicht mehr Du
Und nachts kommst du nicht mehr zur Ruh
Du willst hier gar nichts mehr verstehn

Und wie du redest, träumst und klagst
Und nichts mehr tust und nichts mehr wagst,
Vergeht die Zeit und du wirst alt
Der Sommer geht und bald ists kalt
Weil du dein Leben stets vertagst

Bald liegst du flach, dem Tode nah
Und träumst von dem, was niemals war
Dann bleibt dir wirklich keine Zeit
Mit Sprüchen hast du sie vergeigt
Drum lebe jetzt
Mit Haut und Haar

Am Meer

Der Abend kommt, mich zieht's ans Meer
Ich sehn mir alles Schöne her
Hier kann ich vieles klarer sehn
Und weiß, das Meer wird mich verstehn

So viele Dinge tun sich auf
An diesem Strand, ich nehms in Kauf
Hier wo die Sonne untergeht,
Hier, wo ein raues Lüftchen weht

Dann träum ich mir die Sorgen fort
An diesem magisch, guten Ort
Ich fühl mich nicht mehr so allein
Am Meer möcht ich wohl immer sein

Ganz sicher war's nicht immer leicht,
Oft hat es nicht ganz ausgereicht
Dann stand ich trotzdem wieder auf
Und sah nach vorn und pfiff darauf

Mit meinem Stolz und festem Blick
Stemm ich mich gegen Ungeschick
Und lass das Böse hinter mir
Ich hab noch meinen Traum in mir

Ganz tief im Herz ein Feuer brennt
Es ist so stark und mir nicht fremd
Es ist ein Lied und ein Gedicht
Es spendet Leben mir und Licht

Und meine Tränen, die so heiß
Ja selbst mein Lachen
Laut und leis
Die Liebe auch zum Heimathaus
All das bin ich, das macht mich aus

Ich weiß, in mir steckt so viel Kraft
Im Leben hab ich viel geschafft
Dies Auf und Ab hat mich geprägt,
Und neue Zuversicht gesät

Ja, viele Jahre sind vorbei
Bin nicht mehr jung, doch einerlei
Die Hoffnung treibt mich durch die Zeit
Vorbei an Tränen, Frust und Leid

Nun ist es Nacht
Ich bin noch hier
Ich brauche Dich, Du kluges Meer
Ich sitz am Strand und hör dir zu
Und träum mit dir
Genieß die Ruh

Dämmern

Es dämmert schon,
Ein Duft zieht um mein Häuschen
An diesem Ort
Zieht Müdigkeit nun ein
Ich schau mich um
Da piepst ein winzig´ Mäuschen
Und irgendwie
Fühl ich mich sehr allein

Ein greller Blitz
Es wird mir immer schwüler
Und Regen wäscht
Die Fenster wieder klar
Da wünscht´ ich mir,
Es wäre etwas kühler
Doch nichts bleibt so,
Wies vorher einmal war

Der Sommer naht
Ich spür schon jetzt die Hitze,
Die mir so mache Stund
Den Atem mir fast nahm
Da ist auch Angst
Sie kriecht durch manche Ritze
Und reibt sich voller Lust
An meiner Seele wund

So will ich ziehn
In kühlere Gefilde
Wo manches nicht
So heiß gegessen wird
Ich mag sie nicht
Die Angst, die immer wilde
Such nach der Ruh
Und such auch mein Gesicht

Es dämmert lang
Die Nacht wird gleich beginnen
Kein Regen mehr
Und auch kein greller Blitz
Ich weiß genau,
Die Angst wird bald verrinnen
Der Sommer kommt
Und auch so mancher Witz

Die Fee

Von fern spielt eine Melodie
Und irgendwo, da sah ich sie
Ein Zauber drang ins Herze mir
Am Weihnachtsabend, gegen 4

Vom Schnee verweht ihr Angesicht
Sie tanzte leicht im Kerzenlicht
Ihr weißes Kleid
Ein Sternenmeer
Und Glück und Friede um uns her

So leicht erschien mir da die Welt
Ganz ohne Leid und Hass und Geld
Ihr Lächeln schien fern aller Zeit
Mein Aug von Tränen längt befreit

Sie flog davon
Sie blieb nicht hier
Am Weihnachtsabend, gegen 4
So etwas Schönes sah ich nie
Mir blieb die ferne Melodie

Sturm

Ein Sturm dringt ein in die Gedanken
Er fegt die letzten Tränen fort
Und plötzlich brichst du alle Schranken
Du fühlst dich nicht mehr unverstanden
Brichst auf zu einem neuen Ort

Die Hoffnung birgt stets neues Leben
Geh einfach los, hör auf dein Herz
So vieles kannst du jetzt bewegen
Denn Hoffnung birgt stets neues Leben
Dein Wille treibt dich himmelwärts

Den Wind zu spürn, die Sonne sehen
Dies alles gibt es nicht für Geld
Mensch komm, steh auf, du kannst verstehen
Auch du wirst bald die Sonne sehen
Und kämpfen auch für deine Welt

Ja du bist gut
Weiß um dies Wissen
Mach deine Träume endlich wahr
Dann wird ein besserer Tag dich grüßen
Denn du bist gut und willst es wissen
Dein Leben wird ganz wunderbar

Wenn

Wenn Du sagst,
Du liebst mich nicht,
dann bin ich tot
Noch vor der Zeit
Wenn Gott mich will
Der weiß darum
Und wird mich ewig lieben
Und Du
Du schweigst
Ein bittres Schweigen
Einerlei der Zeit
Und immer wieder so
Du hast mich umgebracht

Wenn Du sagst,
Du magst mich nicht,
stirbt auch die Zeit
Und alles war umsonst
Wo ist nur Gott- sag wo
Und hilflos starr ich in die Schlucht,
die vor mir schreit
Und schweigt
Wo sind die Jahre meines Lebens
Sie fallen in die bittre Tiefe
Die sanft und süß
die Ruh mir gibt
Du hast mich umgebracht

Wenn Du sagst,
dass Du nichts sagst,
dann muss ich gehn
von Dir
Ins Land meiner Gedanken
Und Du hast nie gefragt danach
Und ich bin froh-
Du konntst mir das nicht rauben
Denn ich geh zu Gott
Den Du nicht kennst
Und in den fernen Bergen
suchst Du nicht nach mir
Das Eis lässt Dich erstarren
Und klar wird Dir
Tot bin ich zwar
Doch bin ich stets bei Dir

Ich bin der Fremde Deiner Seele
Und kenn Dich gut
Weil ich es eben bin
Und doch bin ich's gewesen
Ich bin so weit von Dir
Die Reise durch den Kosmos
bracht mich doch heim zu Dir
Jene Odyssee, die uns geeint
In andrer Dimension
Die Körper schwinden
Ich bin daheim
Oh Dank Dir, Gott
Ich bin daheim
Und werd es ewig bleiben

Abschied

Ich steh auf einer Brücke
Gespenster spieln im Fluss
Im Hirn klafft eine Lücke
Die Seel braucht eine Krücke
Im Hirn nur eine Lücke
Ich habe keine Bitte
Und hab auch keinen Gruß

Die Nacht senkt sich hernieder
Ich wart auf Irgendwas
So fern die Sommerlieder
Ich schau aufs Wasser nieder
Wann kommt die Hoffnung wieder
Und jene Sommerlieder
Und aller Lebensspaß

Die Uhr schlägt Mitternachte
Und Nebel steigt empor
Die Kälte kommt ganz sachte
Du gingst, eh ich es dachte
Warst fort, als ich erwachte
Jetzt schlägts nur Mitternachte
Ein Spiel, das ich verlor

So gern wär ich gesprungen
Doch größer schien die Angst
Es ist mir nicht gelungen
Und dort, wo wir gesungen
Mit Herz und aus den Lungen
Da bin ich nicht gesprungen
Ob Du wohl um mich bangst

Es naht der neue Morgen
Ich schrecke hoch, ´s ist 5
Im Schweiße aller Sorgen
Lieg ich bei Dir geborgen
Im weichen Bett verborgen
Und Du lachst ohne Sorgen
Ich hab noch an die Strümpf

Erinnerungen

Bunte Farben in den eingeschmolzenen Träumen
meiner Kinderzeit
Ich bin an einem Punkte angekommen,
an welchem ich nicht mehr weiter weiß
Und ich suche einen Rat
in den alten Märchenbüchern
Und ich wünsch mir die Wahrheit
aus den seidenen Zaubertüchern
Und weiß doch längst
Ich bin schon lang zu alt
für diese fernen, fernen Spiele

Teddybären mit den blauen Schleifchen
und der grüne Wasserball
Er schwimmt behänd davon
auf den Wogen meiner kalten Tränen
Ich kann ihn nicht mehr halten
Ach Teddy,
gib mir doch wie früher einen Halt
Aber er schweigt, sie ist eben vorbei,
die Zeit der Feen und der Aschenputtel
Im zerbrochenen Spiegel
wirkt mein Gesicht so müde – oder schwach
Und es wirkt blass
Und ich spür es längst
Ich bin schon lang zu alt
für diese fernen, fernen Spiele

Die alten Kinderlieder,
wo alles noch so rein und klar,
wo ich mal unbeschwert und glücklich war,
sind längst verklungen
in verklärender Unendlichkeit
Die holt mir keiner mehr zurück
Jetzt rennt man wohl nach andren Sachen
Ich habe das Verlieren nicht verlernt
Und in den feuchten Nebeln
verwunschener morgendlicher Wiesen
seh ich der Liebsten makelloses Antlitz nimmermehr
Gewesen ist gewesen
Und ich weiß es längst
Ich bin schon lang zu alt
für diese fernen, fernen Spiele

Das Leben

Das Leben fließt so wie ein Strom
Mal langsam noch, dann wieder schnell
Es fließt nur so, wer fragt da schon
Das Leben ist ein langer Strom
Es ist oft dunkel, selten hell

Es ist nur da und bringt die Zeit,
in der wir sehen und verstehn
Wir fühlen Glück, erleben Leid
Und es vergeht mit aller Zeit
Bis nichts mehr von uns bleibt bestehn

Der Wind fegt über kahles Land,
auf dem es so viel Leben gab
Es liegt oft nicht in unsrer Hand
Es fegt nur Wind über das Land
Und streichelt sacht so manches Grab

Man möcht so gerne ewig sein,
um eins zu werden mit der Welt
Um alt zu werden, wie ein Stein
Ja, manchmal möchte man ewig sein
Niemals verlieren, was man hält

Doch fließt das Leben wie ein Strom
Und bliebt nicht stehen, treibt uns fort
So manches fließt uns da davon
Denn es geht weiter, mit dem Strom
Und bleibt nie ein beständig´ Ort

Morgen

Wenn die frühen Nebel
über saftge Wiesen steigen
Und ein erster Sonnenstrahl
die trüben Augen öffnen will,
möchte auch ich nicht länger
in der dunklen Nacht verweilen
Muss raus ins Leben
Denn ich hab ein gutes Ziel

Doch mag ich niemals
Deinen starken Arm vermissen,
der mich noch hält
Denn Du liegst schlafend neben mir
Viel lieber würd ich
Deinen schönen Körper küssen
An diesem Morgen
Ich spüre herbe Lust nach Dir

So atme ich noch mal
den süßen Duft von Deinen Haaren
Spür wie Dein Körper
Langsam nah an meinen kriecht
Und wie Dein Mund sich strafft
Mit sicherem Gebaren
empfang ich Deine Liebe
und das junge Sonnenlicht

Bis wir erschöpft
erneut die müden Augen schließen
Im Traum des Glücks
so nah wie nie vorher
Ein Spatz am Fenster
pfeift lustig, froh
Er will uns wohl begrüßen
Und in der Ferne rauscht
das wilde raue Meer

Frühlingsweise

Wenn am Berg die Veilchen stehen
Und erblühen und sich wiegen
In dem lauen Frühlingswind
Werd ich wieder mit Dir ziehen,
Durch die Täler, über Höhen,
Bis die klare Nacht beginnt

Und am Fluss werd ich Dich küssen
Und es sagen und es wissen,
Dass Du mich noch immer liebst
Ja, der Morgen wird uns grüßen
Nach dem heißen, nach dem süßen Frühlingsstrom,
Der in uns fließt

Regennacht

Du kamst in jener Regennacht
Aus fernster Ferne, von weither
Du hast mich einfach angelacht
Kamst aus der dunklen Regennacht
Und machtest, dass die Sonn mir lacht
Die Zeiten waren sonst so leer

Du kamst in meine Einsamkeit
Warst einfach da und hieltst mich fest
Um uns nur kalte Dunkelheit
Du kamst in meine Einsamkeit
Und alle Tränen schienen weit
Dein Kleid, vom Regen so durchnässt

Du küsstest mir die Ängste fort
Wir sanken in ein Wolkenmeer
Du küsstest mich und sprachst kein Wort
Du küsstest mir die Trauer fort
An diesem märchenhaften Ort
Du kamst von irgendwo weit her

Leuchtturm

Irgendwo in ferner Zeit
blinkt ein Leuchtturm in die Welt
Steht so einsam und befreit
Steht so fern von aller Zeit
Und sein altes Mauerwerk, es hält

Hab ihn eines Tags entdeckt
Dort am Ufer, dort am Strand
Fand ihn kaum, weil er versteckt
Hab ihn irgendwann entdeckt
Und ich lief durch weißen Sand

Stand vor ihm und sah sein Licht
Und das Meer rauschte im Wind
Plötzlich sah ich mein Gesicht
Dort im hellen Leuchtturmlicht
Vor mir stand ein frohes Kind

Ja, es lachte und es sang
von dem Leben und vom Glück
Sah das Kind minutenlang
Hörte, wie es fröhlich sang
Und ich sang dies Liedchen mit

Und auf einmal ward mir klar,
dass ich doch noch lachen kann
Hier, wo nie ein Mensch je war,
wurde mir so manches klar
Täglich fängt dies Leben an

Wenn sich etwas ändern muss,
geht es nur, wenn ich es tu
Denn es ist noch lang nicht Schluss,
weil ich's selbst jetzt ändern muss
Denn das Leben gibt nie Ruh

Irgendwo in ferner Zeit
blinkt ein Leuchtturm hell und gut
Steht so einsam und befreit
Jenseits aller Lebenszeit
Gibt mir neuen Lebensmut

Letzter Sommer

Es war ihr letzter Sommer
Der Wind verwehte sanft ihr Haar
Der Himmel schien so endlos klar
Am Strand verlor sich bald ihr Schritt
Die Flut kam schnell und nahm sie mit
Es war ihr letzter Sommer
So schön, wie keiner war

Es war ihr letzter Sommer
Sie war so jung, sagt man, und klug
Ihr Lächeln, einst mir schon genug,
rein und sanft und tränenschwer
Doch blieb ihr Blick so starr und leer
Es war ihr letzter Sommer
Als hoch die Brandung schlug

Es war ihr letzter Sommer
Ihr Haus stand auf den Klippen hoch
Woher sie kam
Sie schriebs mir noch
Wohin sie ging und was sie sucht',
bleibt unbekannt
Bleibt ohne Sinn
Es war ihr letzter Sommer
Ich lieb sie immer noch

Überflieger

Jetzt ist die Zeit der Überflieger
Sie fliegen hoch und weit hinaus
Und singen Dir die schönsten Lieder
In feinstem Zwirn, auf heißem Mieder
Jetzt ist die Zeit der Überflieger
Soweit bin ich vom Heimathaus

Jetzt ist die Zeit der Überflieger
Die sind so jung, so schön, so stark
Und zeigen ihr gar bunt Gefieder
Wolln mächtig werden, immer wieder
Jetzt ist die Zeit der Überflieger
Allein sitz ich im herbstlich Park

Jetzt ist die Zeit der Überflieger
Allseits geliebt, mit stetem Mut
Da, ihre Gärten
Reich an Flieder
Es ist die Zeit der großen Sieger
Jetzt ist die Zeit der Überflieger
Vom Sturm verweht mein Haar, mein Hut

Jetzt ist die Zeit der Überflieger
Sie sind perfekt und lächeln froh
Ihr Haus – gedeckt mit rotem Schiefer
Zur Weihnacht steht die größte Kiefer
Jetzt ist die Zeit der Überflieger
Und ich zieh weiter, einfach so

Jetzt ist die Zeit der Überflieger
Die Zeit des Mittelmaßes dort
Die Zeit der Dirnen und der Dealer
Es stirbt die Menschheit bald am Fieber
Jetzt ist die Zeit der Überflieger
Ich leb an einem fernen Ort

Der Fremde

Als ich ihn sah, so grau sein Haar,
schien er mir nah, auch ohne Wort
Genau wie er auch ich mal war,
mit feinem Hemd an gutem Ort

Er ging im Anzug, sehr korrekt
Auch ich hab teuren Zwirn im Schrank
Doch hab ich Ängste mir versteckt
Doch fühl ich mich so schwach, so krank

Hab mich im Dunkel oft gesehnt
nach Ruhm, Erfolg und Glück und Sinn
Was heute keiner mehr versteht:
Ich sehnte mich sehr gern dorthin

Er ging vorbei mit Stolz im Blick
Vielleicht war er ein Gotteskind
Doch er entschwand bald, Stück um Stück,
im Menschenmeer, wo jeder blind

Als ich ihn sah, sah ich auch mich
Ein Spiegelbild, so ohnmächtig
Im Spiel des Lebens lediglich
blieb drüben er und jenseits ich

Einst träumte mir vom schönen Land
Vom Prinzenpaar, von Geld und Gut
Hab damals nichts von mir erkannt
Zu heiß schäumte mein dummes Blut

Der Fremde kennt mich nimmermehr
Ein Wind verweht den Straßenstaub
Vielleicht ist alles gar nicht schwer
Ein Fremder schien mir sehr vertraut

Flieger

Ich wollt so gern ein Flieger sein
Dort, irgendwo am Firmament
Nur mit dem Wind alleine sein
Wollt' ich so gern ein Flieger sein
Zerreißen mir das alte Hemd

Ich wollt so gern ein Flieger sein
Ja, irgendwo am Himmelszelt
Geblieben sind nur Träumereien
So gern wollt ich ein Flieger sein
Und unter mir die ganze Welt

Ich wollt so gern ein Flieger sein
So hoch über dem blauen Meer
Doch blieb auf Erden ich allein
Ich sollt wohl nie ein Flieger sein
Denn Fliegen war für mich zu schwer

Naher Winter

Der Winter naht
Das Feld liegt ohne Leben
Und auch der Bach im Wald
stöhnt müde vor sich hin
Einsames Bad
Es fällt nur leis der Regen
Ich bin halbwach
und alt
Wo ist des Lebens Sinn

Jetzt ist es Herbst
Die Bank gähnt vor den Weiden
Zu kalter Wind
Am Haus die Einsamkeit schon lehnt
Wer jetzt nicht scherzt,
der wird nicht lange bleiben
Kein einzig' Kind,
nicht Mensch,
wird spielen hier verschämt

Das Jahr ist um
Mein Weg führt in die Ferne
Doch nur im Traum,
allein
Die Nächte werden lang
Der Mond bleibt stumm
Und stumm sind auch die Sterne
Es schweigt der Baum,
der Stein
Und mir wird's langsam bang

Flucht

Was ist die Freiheit wert,
wenn die Leute schweigend gehen
Die Jugend, ach,
die ist doch gar nicht schwach
Und woanders
werden wieder starke Winde wehen
Wir leben alle unter einem morschen Dach

Ich stell mir immerzu
die stumme Frage
Wo ist das Glück
Und wo die Hoffnung, wo
Und wieder gehen
an manch regnerischem Tage
die Menschen aus der Heimat – *einfach so*

Brach liegt dies Land
der fliehend' Bauern
Brach auch der Sinn-
Ich find ihn nirgendwo
Zu spät zum Jammern
oder auch zum Trauern
Ich schau mich um, *in Angst*
Und werd kaum froh

So ziehn sie fort,
die Rächer, die Verdammten
Zum weiten Strand
Zum fernen Kontinent
Und wenn sie einst
Zuhause wieder landen,
Sind sie allein,
weil man sie nicht mehr kennt

Der alte Baum

Vorm Hause steht ein alter Baum
So klug scheint er, man glaubt es kaum
Zeigt lang schon keine Früchte mehr
Und in ihm drin ist's hohl, nicht leer

Vor hundert Jahren war hier Feld
Und wenig Menschen trug die Welt
Da hat man ihn tief eingepflanzt
So manche Nacht um ihn getanzt

Er wurde groß und größer nun
Entwuchs den engen Kinderschuhn
Und Wind und Regen peitschten ihn
Als Nistplatz prächtig, wunderschön

Die Zeit verging, Krieg zog ins Land
Im Bombenhagel fast verbrannt
Fürwahr, es brach manch starker Ast
Erhängte sind 'ne schwere Last

In jener toten Dunkelheit
vom Rauch erfüllt, fast schon entzweit,
gab er die Hoffnung niemals auf
Blieb standhaft er, und nahms in Kauf

Da brachen neue Zeiten an
Und frischer Wind fegte ins Land
Man gab ihm Wasser und auch Halt
Und pflanzte einen neuen Wald

Jetzt ist er alt, spürt in sich Ruh
Im Winter deckt nur Schnee ihn zu
Wie schön, dass Frieden endlich ist
Und täglich ihn die Sonne grüßt

Vorm Hause wacht ein alter Baum
So klug ist er, man glaubt es kaum
Zeigt lang schon keine Früchte mehr
Ich mag ihn gern
Ich brauch ihn sehr

Träume

Bald ist's soweit
Ich gehe fort – zu Dir
Oh geliebter Mississippi mein
Reißend und hart
Brutal und apart
Wildes Wasser um den scharfen Stein
In den Wäldern ein Trapper sein
Am Abend ein Bier – ein Mädel fein
Und wieder weit hinaus
Ans Ufer meiner Träume

Ach Du mein Fluss,
wie ich mich nach Dir sehne
Doch bin ich noch so weit, so weit
Und langsam nur vergeht die Zeit, die Zeit

Bald ist's soweit
Ich mach mich auf den Weg
Oh geliebter Mississippi mein
Die Hütte im Tal
Die Pfade, so schmal
Und in der Nacht der Mondenschein
Dort kann ich endlich glücklich sein
Und niemals mehr mach ich mich klein
Und wieder weit hinaus
Ans Ufer meiner Träume

Ach Du mein Fluss,
wie ich mich nach Dir sehne
Doch bin ich noch so weit, so weit
Und langsam nur vergeht die Zeit, die Zeit

An Schlesien

Es zog die Karawan durchs Land
Von fern, vom fernen Schlesienland
Nach Deutschland gings, durch kalte Zeit
Nie war ein Mensch dazu bereit
Sie sollten fort vom Heimatland

Von fern dröhnt schon die östlich′ Front
Die hat das Land und nichts verschont
Ein Grollen zieht am Firmament
Und jeder greift zum letzten Hemd
Man hat hier doch so lang gewohnt

Kein Blick zurück zu jener Stadt
Dort, wo man einstmals froh und satt
Nur an der Oder steht ein Kind
Es weint in den Kanonenwind,
weil′s nun die Freunde nicht mehr hat

Schon dröhnt ein Panzerwagen laut
Das Kind steht still und schaut
Und schaut
Längst müsst es ziehn ins deutsche Land,
Wo auch manch′ Haus längst abgebrannt
Und heiß wird′s ihm auf seiner Haut

Ich frag, wo sind die Eltern hin,
Von diesem kleinen Schlesienkind
Und plötzlich spricht das Kind den Fluch
Im Heimathaus, im Gasgeruch
Den trug längst fort des Krieges Wind

Da riss es die Familien tot,
im Morgen- und im Abendrot
Die Männer blieben in der Stadt
Ob Schlesien doch noch Hoffnung hat
Das Kind isst nie mehr Himbeerbrot

Die Menschen, die geflohen sind,
vermissen auch dies kleine Kind
Und sie vermissen Haus und Mann
Den Frieden auch
Wohl irgendwann
Ob anderswo sie anders sind

Und an der Neiße, überm Fluss,
da gab es keinen Gottesgruß
Da stolpern übern Pontonsteg
die Menschen, die vom Krieg verweht
Die Heimat starb in Schutt und Ruß

Ach Schlesien, du bist weit, so weit
Und weit ist auch die beste Zeit
Nur die Erinnerungen ziehn
durch alle Trauer mitten hin
Die Tränen zolln vom großen Leid

So viele sind jetzt irgendwo
Und Schlesien ward einst nimmer froh
Die Menschen, dies einst ausgemacht,
sind fort, vertrieben von der Schlacht
Und manchem Kind gings ebenso

Da zieh ich hin am neuen Tag
Will Antwort auf so manche Frag
Mein Schlesien will ich wieder sehn
Vielleicht will ich dann nie mehr gehn
Vielleicht kommt auch mein´ große Klag´

Doch wie ich durch die Straßen geh,
ists Winter mir, im Herz liegt Schnee
Und wo mein Haus gestanden hat,
gähnt heute noch ein tiefes Grab
Ich schweig, doch schreit in mir die Seel

Trotzdem sind neue Menschen hier
Auch das ist gut
Da stirbt nichts mehr
Und wie zu jener fernen Stund,
als meine Seel, mein Herz so wund,
ist wieder neue Hoffnung hier

Und meine Stimme spricht und singt
ein leises Lied von einem Kind
Das stand am Oderufer dort,
bis es die Flammen nahmen fort
Ich weiß, dass das niemals verklingt

Da, plötzlich stimmen alle ein
in jenes Schlesien-Liedchen fein
Das Kind fliegt übers Himmelszelt
Und trägt nun Friede um die Welt
Es wollt doch nie gestorben sein

Mir ists, als sei sie noch ganz nah,
die Flüchtlingskarawane, da
Seht ihr sie auch
Hört ihr die Front
Sie hatte keinen einst verschont
Mein Schlesien starb
Ist doch noch da

Späte Heimkehr

Es steht ein Haus am Waldesrande
Und es fällt Schnee so weiß und sacht
Gar friedlich liegt dies deutsche Lande
Gar friedlich ist der Tag, die Nacht

Ihr Name ist Frau Martha Krause
Ihr Mann, der Kurt, zog in den Krieg
Nie kam er von der Front nach Hause
Und Martha hofft lang auf den Sieg

So viele Jahre sind vergangen
Der Krieg, das Sterben – *alles aus*
Sie hat mit Kurt sich gut verstanden
Vor vielen Jahrn in diesem Haus

Sie steht am Fenster, schaut zum Walde
Ob Kurt den Weg zum Haus noch find'
Er wird wohl kommen, ziemlich balde
Und in den Bäumen spielt der Wind

Der Schnee türmt auf sich um das Häuschen
Und Martha wird es ziemlich flau
Vorm Ofen piepst ein kleines Mäuschen
Und draußen wird es kalt und grau

Da stapft durchs wüste Schneegestöber
Ein junger Mann bis vor das Haus
In Uniform und Stiefelleder
Schaut er wie ein Soldat wohl aus

Er starrt zum Fenster und zu Martha
Die schiebt leis die Gardine fort
Sie hat wohl Tränen unterm Haar da
Und beide sprechen nicht ein Wort

Sie nimmt die Feldpostbriefe an sich
Die von der Front ihr Kurt einst schrieb
Und fühlt sich leicht und gar nicht grantig
Und hat den Kurt noch immer lieb

Sie geht hinaus zu jenem Manne
Der küsst sie sacht auf ihre Stirn
Der Schneesturm tobt durchs deutsche Lande
Und kann doch gar nichts mehr zerstörn

Die beiden stapfen bis zum Walde
Und Schnee hüllt sie wien Schleier ein
Kurt war gekommen, ziemlich balde
Und beide wollen endlich heim

Es wacht ein Haus am Waldesrande
Und es fällt Schnee so weich und sacht
Und friedlich ists im deutschen Lande
Und Martha hat sich aufgemacht

Menschenleeres Haus

Menschenleer ist dieses Haus
Blumen fehlen, Türen, Luft
Keine Katze, keine Maus
Nur ein Vöglein ist's, das ruft

Höre zu dem kleinen Tier,
dass so viele Töne bringt
In dem Haus, das menschenleer
Wo nicht mal ein Radio singt

Plötzlich bin ich nicht allein,
denn mir scheint, da ist noch wer
Geh ins Badezimmer rein
Dieses ist nicht öd und leer

Denn dort planscht ein Kind
Welch Freud
Voller Glück, mit lautem Ton
Und ich schaue wie betäubt
Wem gehört nur dieser Sohn

In dem menschenleeren Haus
Ist es da, bringt Leben her
Da fällt ab so mancher Graus
Gar nichts ist mehr wie vorher

Menschenleer war dieses Haus
Menschenleer doch jetzt nicht mehr
Wozu brauch ich Katz und Maus,
wenn laut lacht ein Kind allhier

Kabinett

Ich war im Kabinett der Puppen
Es war ein ziemlich mieser Schuppen
Der Wind verging sich an den Fenstern
Ich schien umgeben von Gespenstern

So reglos standen Wachsgestalten
Die hatten ihren Platz behalten
Von Spinnweben schon eingehüllt
Haben sie einst ihren Sinn erfüllt

Der Wind zerbrach die dünnen Scheiben
Er wollt die Puppen wohl vertreiben
Doch fieln sie nur im starken Wehen
Ich konnte selbst kaum widerstehen

Zerbrochen lagen sie am Boden
Die Puppen, die uns einst betrogen
Doch Puppenhäuser gibt's noch viel
Dort weht der Wind noch ruhig und still

Unterm Baum

Ach Du schwaches Bäumchen mein
Hast mich vorm Regen gut beschützt
Und auch behütet Laus und Stein
Ach Du schwaches Bäumchen mein
Sei wohl geliebt und stets begrüßt

Dein zartes Blattwerk widerstand
Am Wurzelwerk hab ich´s gespürt
Du bliebst doch grün und frisch im Land
Dein zartes Blattwerk widerstand
Hab drunter meine Maid verführt

Ob es nun regnet oder schneit
Ob der Orkan Dich beinah knickt
Hier hab ich Liebe, Traum und Freud
Ob es nun regnet oder schneit
Du bist für mich vom Glück ein Stück

Manchmal

Manchmal bist Du so allein
Irgendwo am steilen Hang
Fühlst Dich schwach und auch so klein
Und die Zeit macht Dich so krank

Nichts geht Dir mehr von der Hand
Alles scheint so schwarz und tot
Tief im Herzen tobt ein Brand
Deine Seele ist in Not

Hinter Dir steht manches Leid
Vor Dir nur der kalte Tod
Bist zum Sterben nicht bereit
Längst verdorben ist Dein Brot

Jenseits scheint Dein Glück, Dein Heil
Dunkle Wolken ziehn dahin
Bietest auch kein Lachen feil
Und es fehlt an Lebenssinn

Blitze zucken durch die Nacht
Hagel schlägt Dir ins Gesicht
Hast Dich um manch Traum gebracht
Dunkel ist's, es fehlt an Licht

Du willst fliehn aus dieser Welt
Springst aus jenem Traum sodann
Das, was trotzdem für Dich zählt
Jener Traum vom Supermann

Auf der Treppe

Ein junger und ein alter Mann
Sie sagen nichts
Sie schweigen nur
Sie sitzen da und schaun sich an
Der junge und der alte Mann
Und schauen manchmal auf die Uhr

Es ist ein Vater mit dem Sohn
Dazwischen liegen dreißig Jahr
Sie sagen nichts, was macht das schon
Es schweigt der Vater und der Sohn
Soviel scheint anders als es war

Der Sohn will fort, weg von Zuhaus
Der Vater hat die dritte Frau
Doch sehen sie nicht glücklich aus
Sie fühln sich fern, weit von Zuhaus
Die Mutter wusst das ganz genau

Sie lief davon vor langer Zeit
Und ließ die beiden schnell zurück
Die Männer hat das nicht erfreut
Die Mutter ging vor langer Zeit
Und suchte sich ein neues Glück

Es fehlte der Zusammenhalt
Denn Sohn und Vater passten nicht
Die Wohnung wurde kalt, so kalt
Es fehlte der Zusammenhalt
Und Mutters liebes Angesicht

So sitzen sie nun schweigend da
Und trauern ihren Träumen nach
Es wird wohl nie mehr so wies war
Die beiden sitzen schweigend da
Und sind wohl lange noch nicht wach

Kleiner Junge

Kleiner Junge, der gern lacht
Hat sich groß und klug gemacht
Ist auf seinem langen Weg
Den er selbst noch nicht versteht
Und er singt und spielt und lacht

Manche Stürme kommen da
Bringen Angst und auch Gefahr
Doch der Junge hat die Kraft
Hat den besten Lebenssaft
Seine Ziele: sonnenklar

Menschen kreuzen seinen Weg
Manche Spur – *vom Wind verweht*
Manchmal schwankt er hin und her
Ja, im Leben geht's oft quer
Und manch' Traum kommt und vergeht

Doch sein Blick ist klar und rein
Er bemerkt den Stock, den Stein
Kleiner Junge, der gern lacht
Hat sich auf den Weg gemacht
Wird am Ende Sieger sein

Ihr letzter Sommer

Es war ihr letzter Sommer
So weit entfernt, am Fluss
In abendlicher Kühle
Da gab es Eis am Stiele
Es war der letzte Sommer
Es war ihr letzter Kuss

Es war ihr letzter Sommer
Der Abschied, endlos lang
So einsam wards am Flusse
Leis sang sie: „Gott zum Gruße"
Es war ihr letzter Sommer
Der letzte Sommerklang

Es war ihr letzter Sommer
So gern denk ich zurück
Wie schön war es gewesen
Am Fluss, im Kiesel lesen
Es war der beste Sommer
Ein kleines Stückchen Glück

Eine Mutter

Die Arbeit war so hart, so schwer
Und die Familie wollte Zeit
Sie jagte hin, sie jagte her
Das Leben war entsetzlich schwer
Ihr schmerzte arg der Kopf, der Leib

Fürs Kind ein schönes Handy, neu
Der Mann verlangte auch sein Recht
Die Lebenszeit ging schnell vorbei
Und manches Handy blieb nicht neu
Am Abend fühlte sie sich schlecht

Sie funktionierte irgendwie
Und träumte sich in manchen Traum
Da war die ferne Melodie
Die war so schön, ja, irgendwie
Und draußen rauschte leis ein Baum

Doch dann am nächsten Morgen, ach
Da ging die Hatz von vorne los
Sie schuftete für Kind und Dach
Und wollte mit dem Mann kein´ Krach
Und fragte nie: *„Was mach ich bloß"*

Dann, eines Tages gegen Zehn
Ging es ihr schlecht, wie nie vorher
Da war ein Klopfen in ihr drin
Es war am Morgen gegen Zehn
Wo kam nur diese Schwäche her

Sie schwankte hin, sie schwankte her
Ihr wurde übel, sie sank hin
Ein Schmerz im Kopf, es brannte sehr
Sie fiel so leicht und gar nicht schwer
War *das* vielleicht ihr Lebenssinn

All die Gedanken flogen fort
Sie dachte an den Mann, das Kind
Mit Blaulicht und besorgtem Wort
Da brachte man sie endlich fort
Dorthin, wo alle Kranken sind

In einem weißen Zimmer dann
Erwachte sie und träumte nicht
Sie dachte an das Kind den Mann
In jenem weißen Zimmer dann
In jenem weißen kalten Licht

Ja, da begriff sie Stück für Stück
Dass ihre Hatz nichts bringen konnt
Sie lebte zwar, doch ohne Glück
Und das begriff sie Stück für Stück
Nie hatte sie sich je geschont

Da liefen Tränen ohne Zahl
Und aller Stress entlud sich arg
Vorbei die schlimme Seelenqual
Es flossen Tränen ohne Zahl
Man ist nicht immer groß und stark

Und der Professor setzte sich
Leis an ihr Bett, nahm ihre Hand
Dann sprach er nur: *„Ganz sicherlich
Geht's nicht so weiter, hoffentlich.
Denn Ihre Seele ist verbrannt."*

Sie wusste das und schwieg
Und schwieg
Die Ängste waren noch zu groß
Das Kind, der Mann, die waren lieb
Und sie lag hier und schwieg
Und schwieg
Und dachte nur: „*Was mach ich bloß*"

Zwölf Wochen fort, im Krankenhaus
Die Kräfte kehrten bald zurück
Dann, irgendwann ging es nach Haus
Im Blickwinkel das Krankenhaus
Und der Professor wünschte Glück

Sie kündigte den alten Job
Und fand ihr Leben wieder neu
Sie fand den Weg, und sie fand Gott
Fort mit dem Stress, dem alten Job
Mit Kind und Mann im frischen Heu

So manche Arbeit wiegt so schwer
Blind rennt manch´ Mensch durch seine Zeit
Doch alle Hatz nach noch viel mehr
Die bringt das Glück nicht hin, nicht her
Und Leere ist´s, die übrig bleibt

Es war einmal

Es war einmal – und ist nicht mehr
Ja, er hieß Tony, oder so
Sein Leben war nie öd und schwer
Sein Tag recht gut und er schien froh

Zwar lebte er mit seinem Sohn
allein im Haus, ganz ohne Frau
Jedoch bekam er guten Lohn
War redlich immer und genau

Doch irgendwann, in dunkler Nacht,
da wollt er Spaß und nicht zu knapp
Er hat sich auf den Weg gemacht
Wollt endlich feiern, richtig satt

Sonst ging er nie in trübe Bars
Die Nacht stand ihm nicht im Gesicht
An irgendeinem Tage war's,
da scheute er das Tageslicht

Die Bar „*Zum allerletzten Spiel*"
lag nah beim Kiez, im roten Licht
Er ging dorthin und trank sehr viel
Und fand das Ende plötzlich nicht

Die Damen küssten ihn ganz sanft
Sie wollten Sex
Und wollten mehr
Er fühlte sich ganz unverkrampft
und sehnte sich was Schönes her

Den Frust, das Pech versoff er dort
Für ein paar Stunden selig sein
Dann trollte er sich einsam fort
Und wollte immer noch nicht heim

Doch ohne Geld ging´s nicht sehr toll
Die Nacht verschluckte allen Lohn
Er war am End und ziemlich voll
Zu Hause schlief allein der Sohn

Wieso jetzt artig weiter ziehn
Warum nach Hause ohne Wort
Weshalb den Alltag, der nicht schön
Weswegen stets derselbe Ort

Da stand die Tankstelle vor ihm
Was wäre, wenn er einbricht dort
Nach Irgendwas stand ihm der Sinn
er brauchte Abenteuersport

In einer Pfütze lag ein Colt
Ne echte Knarre, einfach so
In seinem Herz: Millionen Volt
In seinem Hirn: Nur trocknes Stroh

Er nahm den Colt und stürmte los,
in jene Tankstelle hinein
Jetzt fühlte er sich endlich groß
Jetzt konnt er endlich mutig sein

„Das Geld raus", schrie er laut und schrill
Und hielt den Colt hoch in die Luft
Er wollte wohl vom Glück zu viel
In seiner schwarzen Lederkluft

Doch die Kassiererin war schnell
Sie schlug ihm mitten ins Gesicht
Ein Schuss ertönte – ziemlich grell
Und es erlosch das Deckenlicht

Als dann ein scharfer Lichtstrahl fiel,
lag die Kassiererin vor ihm
Die Polizei kam schnell ins Spiel
Die schlugen ihm auf Colt und Kinn

Sie nahmen ihn mit aufs Revier
Er war nur starr und dachte nichts
In jener Nacht, so gegen Vier,
schien er so jenseits allen Lichts

Man sperrte ihn in einen Raum
Der war so klein, so dunkel, kalt
Ein Menschenleben – *aus der Traum*
So mancher wird im Knast steinalt

„Zwölf Jahre" hieß das Urteil bald
Und dann ins Irrenhaus vielleicht
In jedem Knast ists bitterkalt,
wo's Unheil durch die Gitter streicht

Den Sohn sah er sehr selten nur
Verkauft das Haus, verschenkt das Glück
Bis stehen blieb die Lebensuhr
Der Wahnsinn ihn zum Tode trieb

Es war einmal – und ist nie mehr
Ja, er hieß Tony, oder so
Sein Tag, sein Leben schien kaum schwer
Nur jener Tag, an dem er floh

Schranke

An der Schranke deines Lebens
fragst du dich nach dem „Wieso"
Du stehst vorm Spiegel,
diesem riesengroßen und starrst hinein
Weißt gar nichts mehr
Bleibst stumm und frierst
Warum
So viele Jahre sind vergangen
Du stehst nur da
Siehst die Spuren der Ärzte,
die du aufgesucht,
weil irgendetwas in dir nicht mehr
läuft – nicht stimmt – vielleicht
Doch du bist nicht krank
Du bist nicht tot
Stehst an der Schranke deines Lebens
Und sie ist zu Du fühlst es ganz genau
Es geht nicht weiter und du schweigst
Bist stumm
Warum
Hast du nichts geleistet
Hast du nichts mehr zu sagen
Nichts mehr zu geben
Bist du zu dumm
Lange starrst du in den großen Spiegel
Und siehst doch nur immer wieder diesen einen,
der nicht anders ist,
der nie anders war
Du suchst die Falten
Na klar, da gibt's schon welche
Doch sonst
Kriecht da die Einsamkeit in deine Seele
Und diese Augen

Sind die nicht viel zu ängstlich
Ein Fluchtgedanke
Atemnot Herzrasen Schwitzen
Zittern – vielleicht vor Angst
Und du bleibst stumm
Du kannst nicht reden
Warum
Die Schranke deines Lebens
scheint dir plötzlich viel zu hoch
Du kommst nicht drüber
Du könntest dran vorüber gehen
Willst du das
Wie wird es weitergehen
All diese vielen Schwächen
Sind da doch noch Stärken
Sind da auch noch Träume
Ist da noch ein Weg
Ist da noch Leben
Ist da ein Mensch
Oder bist du nur zu schwach
Du bist noch lange nicht am Ziel

Fremdes Land

Fremdes Land der trüben Zeiten
Zeigt nur Armut, Trotz, Betrug
Keiner will Courage zeigen
Niemand will mehr ehrlich bleiben
Hab von diesem Land genug

Gauner leben da wie Grafen
Angst und Missgunst überall
Ist man ehrlich, gibt's nur Strafen
Tritte gibt's für manchen Braven
Dort in diesem Schweinestall

Speichellecker, Rotlichtbienen,
Schieber, Stricher, Dummheit satt
Alkoholsucht, Fix-Vergnügen
Liebe in den letzten Zügen
In dem Land, in mancher Stadt

Schnellstens sollt ich von dort fliehen
Denn ich bin mir Mensch genug
Will weit in die Ferne ziehen
Fort von diesen schmutzig' Fliegen
Fort von diesem Selbstbetrug

Und wenn einst die Götter kommen
In dies Land, das schwarz und öd,
Werd ich längst woanders thronen
Dort, wo sich noch Träume lohnen
Wo der Mensch nicht schlecht und blöd

See der Tränen

Am See der Tränen war's so schön
Ich denk so oft an dich und mich
Ich wollt ihn gerne wieder sehn,
den Tränensee, der einst so schön
Und die Erinnerung an dich

Ich fragte dich, wie es dir geht
Du sagtest nichts, bliebst einfach stehn
Warum man manches nicht versteht
Ich fragte nur wie es dir geht
Und wollte nur mal nach dir sehn

„*Es geht mir gut*", das riefst du laut
Es war so laut, wie sonst wohl nichts
Du hast gelacht und nur geschaut
So manches sagt man leis und laut
Und manches hält man fern des Lichts

Die Schmerzen waren stark, so stark
Du wolltest nicht, dass ich das weiß
An unserm Steg das Boot noch lag
Ich wollte rudern, du bliebst stark
Dass uns nur ja nichts mehr entgleist

Der See lag ruhig, es war still
Du bliebst am Ufer lange stehn
Ich wusste nicht mehr, was ich will
Und unser See blieb einsam, still
Wirst du das alles mal verstehn

Da blieb so vieles ungesagt
„Es geht mir gut", das riefst du laut
Und ich hab auch nichts mehr gefragt
An jenem wunderschönen Tag
hast du gelacht, mich angeschaut

Das Boot verschwand
mit mir, mit dir
Am Ende blieb ein Sommertraum
Am See der Tränen träumten wir
Die Krankheit trennte dich von mir
Am Ufer wuchs ein Mandelbaum

So ging die Zeit, das Leben fort
Der See fror zu
Dich gab's nicht mehr
Ein traurig einsam, kalter Ort
Mit unserm Boot fuhr ich weit fort
Und sehnte mich doch noch so sehr

Den See der Tränen gibt's nicht mehr
Und auch uns beide nahm die Zeit
All die Erinnerung wiegt schwer
Den See, uns beide gibt's nicht mehr
Und ich ging fort, weit fort
So weit

Veränderung

Diese Stadt erscheint erfüllt
von übergroßer Liebe
Nicht mehr allein sein
Ja, das liegt hier überall
Und überall der Weg
zum wundervollen Ziele
Mit dir zusammen
Die wundervollsten Spiele
Nicht mehr allein sein
Ja, das ist hier überall

Man nimmt sie hin, die Tage,
die so voller Leben
Und fragt nicht mehr
nach gestern und nach irgendwas
Man fühlt sich gut
und groß, und will so viel
noch geben
Ganz neue Träume
Und jede Straße, jedes Haus
birgt in sich endlos Spaß

Doch irgendwann im Winter
erfrieren die Gefühle
Ganz einfach so
Ein kalter Wind verweht
das allerletzte Glück
Und man ist einsam
und kein bisschen froh
Längst tot sind auch die wilden Spiele
Und nichts ist mehr wie damals,
als man noch gelebt,
Der Tag scheint mausetot

Dann scheint die große Stadt erfüllt
von Leere und von Trauer
Nur Einsamkeit noch lehnt
an Häusern und in jeder Straß´
Fort ist die Hoffnung
und fort der Himmel, der mal blauer
So trist, verlassen
Die große Stadt versinkt im Regenschauer
Kein Sommer mehr
Die Dunkelheit vermischt sich da
mit Tränen
und macht die Seele nass

Berührung

Kalter Wind peitscht tote Felder
Unruhig die dunklen Wälder
Träume ziehen durch die Nacht
Hab so oft an dich gedacht

Plötzlich, da, ein greller Blitz
Du bist da, es ist kein Witz
Wir berühren uns ganz sacht
Hier in dieser Regennacht

Fast vergessen all die Trauer
Und so mancher Regenschauer
Küsse dich und halt dich fest
Gleich, ob Regen uns durchnässt

Lächelnd löst du dich von mir
Schwebst davon
Bleibst nicht mehr hier
Hebst deine Hand sanft in den Fernen
Ziehst davon bis zu den Sternen

Kalter Sturm schlägt durch die Felder
Und ich spür – es wird noch kälter
Du bist fort
Weit in der Nacht
Hab so oft an dich gedacht

Am See

S´ ist Mitternacht, ich sitz am See
Im Schilfrohr träum ich vor mich hin
Noch ist es Herbst
Noch gibt´s kein Schnee
So ganz für mich an jenem See
Nach Irgendwas steht mir der Sinn

Ein kühles Lüftchen hier und da,
Es hüllt mich sanft und lieblich ein
Ganz still ist es und ziemlich klar,
wie´s immer hier am Ufer war
So könnte es wohl ewig sein

Der Bootssteg knarrt leis vor sich hin
Vielleicht stieß grad ein Fischlein an
Nach irgendwas steht mir der Sinn
So schau ich einfach vor mich hin
Der Mond erhellt ganz schwach das Land

Wie dieses Leben wohl noch wird
Wohin es mich noch treiben mag
Oft hatte ich mich arg verirrt
Und manchmal schien mein Sinn verwirrt
Nicht immer gut die Nacht, der Tag

Ein Rascheln, da, vom Wasser leis
Ich starre in die Dunkelheit
Warum man manchmal gar nichts weis
Oft scheint so manch´ Gefühl aus Eis
Und oft vergeht man in der Zeit

Sollt ich da weiterdenken, ach
Die Nacht ist doch so wundervoll
Oft denkt man viel zu lange nach,
und lebt doch unterm sicheren Dach
Ich stöhne leis und ohne Groll

Der Mond hat den Zenit erreicht
Und Müdigkeit zerfließt im Hirn
Ein Mahr schon um die Bäume schleicht
Nach Hause sollt ich jetzt vielleicht
mich sacht ins Reich des Traums entführn

S´ war Mitternacht am dunklen See
Der Mond längst im Gewölk entschwand
Noch ist es Herbst, doch bald fällt Schnee
Ich schau zurück zu meinem See
Zum Steg am Ufer
Tief im Land

Der Dicke

Es lebte einst ein dicker Mann
ganz froh und glücklich, leicht sodann
In seiner kleinen Wohnung auch
ward dick und dicklicher sein Bauch

Am Morgen schon mit Kaffee, stark,
ganz ohne Müsli oder Quark
Mit reichlich Kuchen, Schoko-Mus,
ist nach manch Cola lang nicht Schluss

Mit einem Pfannkuchen im Mund
legt er sich auf die Couch recht rund
Und schaut ´ne Kochshow mit Genuss
Dazu schmatzt er ´nen Schokokuss

Schon schürt der Appetit mit Frust
und bringt die Gier, die Essenslust
Nur drei vier Schritte trennen ihn
von seinem Kühlschrank – mit was drin

Und zähnefletschend, hungrig jetzt,
er schwungvoll durch die Küche hetzt
Zum dritten Frühstück, nebenbei,
gibt's frisch Gehacktes und ein Ei

Doch auch der Durst quält fürchterlich
Die Cola auf dem Frühstückstisch
ist schnell geleert, ein Bier muss her
Ein Hefeweizen, richtig schwer

Als dann der Dicke liegt recht fein
auf seinem Sofa fällt ihm ein,
dass bald schon kommt die Mittagszeit
In seinem Sinn keimt Essens-Freud

Denn heut gibt's Pizza mit Salat
Jedoch wird keiner davon satt
Als zweiten Gang – ein Steak vom Schwein
Zum Dritten noch ein eisig' Bein

Zum Nachtisch noch ein Pudding, ja
Und Russisch-Wodka, hell und klar
Als Krönung muss ein Mokka her,
damit das Ganze nicht zu schwer

Der Dicke ächzt und japst und stöhnt
Hat sich fürwahr zu sehr verwöhnt
Wie tot fällt er aufs Sofa hin
Nach Schlafen steht ihm nun der Sinn

Jedoch hält er es lang nicht aus
Ihn treibt es fort aus seinem Haus
Ne Runde um den Ententeich
Das ist gesund, macht schlank sogleich

Nach einer halben Runde doch
spürt er, wies Herze springt und pocht
Die Luft wird knapp, der Kopf hochrot
Er fürchtet seinen schnellen Tod

Und flüchtet sich mit letzter Kraft
zum Imbissstand – trinkt Traubensaft
Dann eine Bratwurst auf den Schreck
Und noch ein kleines Eis, recht nett

Mit stolzem Blick, erleichtert fast,
trabt er nach Haus; sein Puls nur rast
Er braucht jetzt Ruhe ewiglich,
und einen Kaffee lediglich

Die Sonne geht, der Abend kommt
Der Dicke sucht nach Essen prompt
Mit einem riesig-runden Brot
und fetter Wurst gibt's keine Not

Gesättigt, müde, träg und schlapp
fällt er ins Bett – so gegen 8
Doch ohne Schoki kommt kein Schlaf
Und ohne Bier sieht er kein Schaf

Beduselt, voll und kiloreich
träumt er von Lecker-Zwiebelfleisch
Arg schweißgebadet schreckt er auf
Nur schnell ein Keks mit Honig drauf

So fängt der neue Morgen an
Das Leben von dem dicken Mann
Tagtäglich dreht sich alles keck
um Schnitzel, Schoki, Bier und Sekt

Bis eines Tags, als Regen zieht,
es tut laut einen heftig Hieb
Und allen Nachbarn ward schnell klar,
dass dies der Bauch des Dicken war

Da

Da fliegen sie nun hin
Meine Träume
So weit übers Meer, den Ozean
Da fliegen sie hin, meine Träume
Und meine Seele
Ganz einfach so
Übern Ozean dahin
Und sind schon bald
Irgendwo

Da fliegen sie nun hin
Meine Gedanken
So weit übers Meer, den Ozean
Sind leicht wie ein Vogel
Und fliegen einfach so
Ganz einfach so
Übern Ozean dahin
Und sind schon bald
Irgendwo

Da fliegen sie nun hin
Meine Lieder
So weit übers Meer, den Ozean
Sind leis und laut und immerfort
Haben mich so oft begleitet
Und nun fliegen sie einfach so
Übers Meer dahin
Und sind schon bald
Irgendwo

Da fliegen sie nun hin
Meine Erinnerungen
So weit übers Meer, den Ozean
Sind überall und ganz tief im Herz
Sind voller Frohsinn
Und auch Tränen
Und fliegen einfach so
Übern Ozean dahin
Und sind schon bald
Irgendwo

Am Straßenrand

Ein dunkles Kreuz am Straßenrand
Ich fahr vorbei, es regnet leicht
Die Dämmerung zieht übers Land
Ein mahnend' Kreuz am Straßenrand
Der Weg ist schmal und ziemlich seicht

Ich halte an und steige aus
Kein Mensch, kein Auto fährt vorbei
Vorm Kreuze wacht 'ne Stofftiermaus
Ansonsten sieht's recht einsam aus
Ein Wind weht welkes Laub herbei

Ich lese jene Worte dort
Man ritzte sie ins Holze ein
Was für ein schicksalhafter Ort
Der Regen wischt manch' Träne fort
Wer mochte wohl der Junge sein

Er war so achtzehn Jahre jung
Und hatte sicher manchen Traum
In jener Kurve mit viel Schwung
Blieb er nur achtzehn Jahre jung
Blieb er zurück am Straßensaum

Ich streiche übers Kreuz ganz sacht
Es ist vom Regen nass und rau
Die Uhr zeigt abends gegen 8
Sehr lange hab ich nachgedacht
Aus seinem Tod werd ich nicht schlau

Als ich zurück zum Auto geh,
Glaub ich, es winkt mir jemand zu
Noch einmal ich zum Kreuze seh
Und wieder tut's im Herzen weh
Und überall ist's trüb, ist Ruh

Ein kleines Kreuz am Straßenrand
Ich fahr davon, es regnet stark
Ich hab den Jungen nicht gekannt
Nur blieb sein Kreuz am Straßenrand
Ich hatte eine gute Fahrt

Umweg

Es war ein Tag, still auf dem Meer
Das Schiff fuhr einfach so dahin
In seinem Kopf war's ziemlich leer
Es war 'ne Reise übers Meer
Zu einer fernen Insel hin

Erholung pur und Sonne satt
So zog's ihn in die weite Welt
Die triste Heimat hat er satt
Die ach so laute blöde Stadt
Mit schönem Leben und viel Geld

Er war kein netter Mensch vielleicht
Ein Kerl, der Frauen liebte auch
War nicht beliebt und ziemlich reich
Er war kein Durchschnittstyp vielleicht
Mit einem viel zu dicken Bauch

Als er so lag am Achterdeck
Da knackte was in seinem Ohr
Urplötzlich war die Sonne weg
In seinem Blick ein schwarzer Fleck
Er stand allein vor einem Tor

Fort alles Wasser und das Schiff
Fort auch der Urlaub, jener Tag
Irgendjemand nach ihm rief
Oder war's ein greller Pfiff
Oder war's am End ein Schlag

Es schmerzte tief in seinem Kopf
Er konnt sich nicht mehr rühren, ach
Er fühlte sich als armer Tropf
Es drehte sich in seinem Kopf
War er vielleicht doch nicht mehr wach

All die Gedanken lagen brach
Der schwarze Fleck zerfloss ganz sacht
Er konnt auch nicht mehr sprechen, ach
Der Himmel schien ein schwarzes Dach
Was war's, dass ihm dies Leid gebracht

Er schloss die Augen, fest und schnell
Und wollt zu seinem Schiff zurück
Es war so dunkel und nicht hell
Er wollt nach Hause ziemlich schnell
Er wollt sein Leben und sein Glück

Da sprach jemand zu ihm ganz leis:
„Du hast die Wahl, bedenke das
Dein Leib ist krank, ist fiebrig heiß
Der Schlag war krass und gar nicht leis
Zu oft hast du gelebt im Spaß"

„Doch lass ich dich zurück jetzt gleich
Sei einfach für die Menschen da
Es ist egal, ob arm ob reich
Vor mir ist alles Leben gleich
Vielleicht wird dir dies endlich klar"

Die Stimme schwieg, es wurde hell
Das Schiff fuhr einfach vor sich hin
Die Sonne schien vom Himmel grell
Und es war warm, und es war hell
Da kehrt zurück sein Tag, sein Sinn

Er schaute übers weite Meer
Was war da nur mit ihm geschehn
Ihm ging es gut, nichts schien mehr schwer
Das Schiff fuhr sicher übers Meer
Und niemand, der etwas gesehn

Da wurde ihm sehr vieles klar
Vielleicht sollt er was Gutes tun
Nichts bleibt stets so, wies immer war
So vieles ward ihm plötzlich klar
Er wollte einfach nicht mehr ruhn

Und er vermachte alles Geld
Den armen Menschen überall
Den kranken Kindern auf der Welt
Die brauchten Essen, und auch Geld
Er wollte helfen
Fall auf Fall

So manches Schiff fährt übers Meer
An manchem heißen Sommertag
So mancher Urlaub fällt nicht schwer
Und mancher Kopf bleibt dumm und leer
Und mancher Snob stellt keine Frag

Doch kann es durchaus möglich sein
Die Reise geht woanders hin
Dann wird es dunkel, wird's nicht fein
Dann schlägt manch´ Blitz im Kopfe ein
Und mancher Umweg färbt den Sinn

Am Deich

Der Wind verfängt sich in den Weiden,
zerkräuselt manchen Ufersaum
Ich möchte gehen, will nicht bleiben
So anders sind die kalten Zeiten
Auf mancher Welle wiegt nur Schaum

Der Schnee vermischt sich mit dem Regen,
verkühlt die Seele mir behänd
Ich ruf um Hilfe, will den Segen
Und will doch noch so Vieles geben
Doch hinterm Deich mein Nachen brennt

Noch ziehen triste dunkle Wolken,
versperren mir den rechten Weg
Ich fühl mich nicht mehr unbescholten
So vieles scheint nicht abgegolten
So manches Übel lächelt träg

Verschämt zieht Angst durch Herz und Sinne
Nichts scheint mehr richtig oder gut
Fast wie vom Biss der schwarzen Spinne
verschwimmt mein Traum in Trauer-Minne,
und lässt vom Brand mir nur die Glut

Da lichtet sich der Dunst, der Nebel
Ein letzter Tod, ein letzter Schrei
Hoch überm Deich schwebt leis ein Segel
Zerbrochen endlich Hass und Säbel
Ich atme Hoffnung, frisch und frei

Was bleibt

Was bleibt vom Leben, sag, was bleibt
Ein toter Körper, irgendwo
Ein leblos kalter Menschenleib
Was bleibt von allem, sag, was bleibt,
wenn wir vergehen, einfach so

Sie lag nur da, Blut im Gesicht,
dort auf dem Fußweg, vor dem Haus
Ein Körper im Laternenlicht
In einer Pfütze ihr Gesicht
Sieht so ein Lebensende aus

Ich kannte sie, sie war ein Star
Vor vielen Jahren sah ich sie
Was immer auch geschehen war,
so nebulös und nicht sehr klar,
vergessen fast schon irgendwie

Sie stürzte sich vom sechsten Stock
Ein kurzer Weg nach langem Leid
Wer sagt noch was, wer fragt nach Gott,
nach diesem Fall vom sechsten Stock
Ein leblos kalter Frauenleib

Drei Worte in der Fernsehshow:
„Sie starb allein, wir trauern sehr"
Warum allein, warum nicht froh
Warum gestorben einfach so
Warum bleibt manches Leben leer

Man bracht sie fort vom Bürgersteig
Und wischte auch das Blut vom Stein
Vom sechsten Stock ists nicht sehr weit
Und mancher Sturz beginnt recht feig
Da will wohl niemand mutig sein

Längst ist sie fort aus jedem Blick
Die Menschen laufen schnell vorbei
Für einen kurzen Augenblick
stand alles Leben still ein Stück,
und ging vorbei im Einerlei

Was bleibt vom Leben irgendwann
Vielleicht ein Tod vom sechsten Stock
Was ist, wenn man nicht leben kann
Wer denkt in dieser Welt schon dran
Bleibt dann am End ein letztes Wort

Drift

Fantasie im Silbergrauen
Wieder bricht ein Sonntag an
Möcht ganz neue Schlösser bauen
Spür die Energie sodann

Frischer Wind weht um die Nase
Sonnenlicht strömt in den Tag
Um die Kurve rennt ein Hase
Und ich stell mir manche Frag

Schäfchenwolken schwimmen sachte
übers Himmelszelt dahin
Fern, die Kirchturmuhr schlägt *„Achte"*
Gibt dem Morgen einen Sinn

Kaffeeduft und an mancher Ecke
Leise Worte, laute Stadt
Und ich gehe meine Strecke,
die heut so viel Neues hat

Ach, ich drifte durch die Zeiten
Lass die Sorgen weit zurück
Will nicht mehr alleine bleiben
Ja, ich bin total verrückt

Denn so anders scheint dies Leben
Leichtigkeit im Herze pocht
Heute könnt ich alles geben
Und ich drifte weit und hoch

Nah dran

Man sagt, er brachte Menschen um
Ein Serienkiller, ziemlich fies
Man sagt, er sei sehr roh und dumm
Ich weiß – er brachte Kinder um
Sein ganzes Wesen – *total mies*

Ein Mann, so um die zwanzig Jahr
Nicht hässlich, dick, kein Supermann
Den Leuten ist wohl alles klar
Mir scheint so vieles sonderbar
Was dachte er so dann und wann

Zwei Jungen hat er umgebracht
Er hats gestanden
Sitzt jetzt ein
Er wird jetzt ziemlich schwer bewacht
Weil er sie eiskalt umgebracht
Im Knast will niemand "Mörder" sein

Ich melde mich beim Staatsanwalt
Denn ich will sprechen mal mit ihm
Er hat gemordet tief im Wald
An einem Tag, der bitterkalt
Sein Leben macht wohl kaum noch Sinn

Drei Tage später dann im Knast
Sitzt er mir gegenüber schon
Ich schau ihn an – er scheint so blass
Das Fenster wischt ein Regen nass
Er ist so jung
Wie manch´ ein Sohn

Sein Blick ist trüb
Er weicht mir aus
Will er nicht sprechen über *„Das"*
Da ist kein Teufel
Auch kein Graus
Doch ist er keine zahme Maus
Ich frage ihn: „Wieso, wie, was"

Durchs Fenstergitter flieht sein Blick
Kaum eine Regung spür ich, nichts
Vielleicht ist es auch nur ein Trick
Vielleicht ist ängstlich er ein Stück
In diesem Knast
Jenseits des Lichts

Zwei Wärter stehen vor der Tür
Die sind recht mächtig, stark und groß
Der Junge auf dem Stuhl vor mir
Scheint bleich und schwach
Kein wildes Tier
Die Hände zittern ihm im Schoß

Dann spricht er leis, so zaghaft, schwer
-Er hörte Stimmen laut in sich-
Ganz tief in ihm wards da so leer
Er sagt, er tut so was nie mehr
Doch tröstet das nicht ihn
Nicht mich

Ich denk, als er so mit mir spricht
An seine Opfer, die jetzt tot
Sie hatten Mütter sicherlich
Die leiden jetzt so fürchterlich
Er brachte so viel Leid
Und Not

Wie hält man's aus, frag ich mich nur
Wie kann man das ertragen, wie
Er sagt es nicht
Ist er zu stur
Ist da von Reue keine Spur
Schläft man des nachts als Mörder nie

Doch alles, was er sagt und meint
Verwischt, verschwimmt im Zimmer hier
Als er dann vor mir kniet und weint
Als er kein Mörder und kein Feind
Ist selbst er Opfer – *ohne Zier*

Die Zeit verrinnt, ist bald vorbei
Man führt ihn fort
Man faucht ihn an
Noch einmal schaut er – *einerlei*
Die Uhr zeigt nachmittags um 2
Er ist ein Junge doch
Kein Mann

Allein bleib ich im Raum zurück
Steh langsam auf und schau und schweig
An diesem Ort, so fern vom Glück
Begreif ich nichts
Kein einzig' Stück
Beinah tut er mir sogar leid

Wie seine Opfer – tot, vorbei
So starb er selbst – fort, wegradiert
Sein Leben sinnlos, aus, ein Schrei
Nie wieder Menschsein
Nie mehr frei
Nur noch ein Wesen, das erfriert

Die Leute rufen: „Tod dem Schwein"
„Wozu noch Knast für solchen Dreck"
Ich fühl mich ratlos
Muss das sein
Doch wer vergibt
Macht man sich klein
Erfüllt die Todesstraf' den Zweck

Viel später schreib ich den Bericht
Und weiß nicht, wie ich's schreiben kann
Der Regen wäscht das Fensterlicht
Als man im Radio plötzlich spricht:
Er hat erhängt sich
Irgendwann